Realschule Bayern

À toi! 2

Mein Wortschatztrainer

Wortschatz lernen nach Themen und im Kontext

ONLINE-Angebot Die Lösungen findest du unter www.cornelsen.de/codes **Code: zamufo**

Cornelsen

À toi! 2 Realschule Bayern
Mein Wortschatztrainer

Im Auftrag des Verlages erarbeitet von:
Walpurga Herzog

und der Redaktion Französisch
Julia Goltz, Sandra Brandstetter (Bernau am Chiemsee) sowie Anke Kellerhoff (Wilnsdorf)

Umschlaggestaltung: werkstatt für gebrauchsgrafik, Berlin
Layoutkonzept: Rotraud Biem, Berlin
Layout und technische Umsetzung: graphitecture book & edition

Umschlagfoto: stock.adobe.com/Fred

www.cornelsen.de

Für die Nutzung des kostenlosen Internetangebots zum Buch gelten die allgemeinen Geschäftsbedingungen (AGB) des Internetportals *www.cornelsen.de*, die jederzeit unter dem entsprechenden Eintrag abgerufen werden können.

1. Auflage, 1. Druck 2020

Alle Drucke dieser Auflage sind inhaltlich unverändertund können im Unterricht nebeneinander verwendet werden.

Druck: Athesiadruck GmbH

ISBN 978-3-06-122326-7

PEFC
PEFC/18-31-166

PEFC zertifiziert
Dieses Produkt stammt aus nachhaltig bewirtschafteten Wäldern und kontrollierten Quellen.

www.pefc.de

Vocabulaire thématique

Les mots pour le dire

Mots en contexte

Mit diesem Heft kannst du
- nach und nach Wortschatz und wichtige Redewendungen sammeln
- und außerdem überprüfen, was du schon kannst.

Vocabulaire thématique

>>> In diesem Kapitel sammelst du den Wortschatz, der zu einem bestimmten Thema passt. Erst schreibst du die einzelnen Vokabeln auf. Dann übst du ihre Verwendung in einem Lückentext.
Außerdem findest du hier Platz für deinen persönlichen Wortschatz. In deinem Text fehlt dir zum Beispiel das französische Wort für „Schwimmbad“: Du schlägst es nach und trägst es hier ein.
Die Themen in diesem Kapitel sind nach den *Unités* von ***À toi! 2*** sortiert.

Les mots pour le dire

>>> Hier überprüfst du, ob du die Redemittel, die du in ***À toi! 2*** gelernt hast und für Rollenspiele benötigst, gut beherrschst. Wenn Du nicht sicher bist, kannst du in deinem Französischbuch auf S. 232–241 nachschauen.

Mots en contexte

>>> Hier übst du Vokabeln im Satzzusammenhang. Immer wenn du eine *Unité* im Buch abgeschlossen hast, füllst du die passenden Seiten im Wortschatztrainer aus. Mithilfe der rechten Spalte der Vokabelliste von ***À toi! 2*** (S. 171–203) überprüfst du deine Ergebnisse.

Am Ende des Schuljahres hast du ein Nachschlagewerk, an dem du selbst mitgearbeitet hast.
Du trennst die Seiten deines Wortschatztrainers heraus und heftest sie ab. So kannst du auch im nächsten Schuljahr hier nachschlagen, wenn du mal etwas vergessen hast.

Alles klar? Dann kann es ja losgehen.
Viel Spaß mit deinem Wortschatztrainer!

Vocabulaire thématique

Mes activités préférées en ville [Unité 1]

>>> Schreibe die französischen Übersetzungen der Wörter und Sätze auf.

1. die Stadt = ...

2. das Einkaufszentrum = ...

3. das Schwimmbad = ...

4. einkaufen = ...

5. schwimmen = ...

6. der Platz = ...

7. (seine Freunde) treffen = ...

8. die Kirche [Unité 7] = ...

9. das Café = ...

10. das Kino = ...

11. das Museum = ...

12. das Stadion = ...

13. Fußball spielen = ...

14. in den Bus einsteigen [Unité 2] = ...

15. Rad fahren = ...

16. skaten = ...

Illustration: Cornelsen/Yayo Kawamura

>>> **Nathalie erzählt, was man in ihrer Stadt machen kann. Vervollständige den Text. Die Zahlen in Klammern geben dir Hinweise.**

Nathalie raconte: voilà ma .... [1]. Il y a un ....

.... [2] et une .... [3]. Tu sais, j'adore ....

.... [4] et .... [5]. Après l'école, mon frère et moi allons

souvent sur la .... [6] et nous .... [7].

À côté de .... [8], il y a un .... [9], un

.... [10] et aussi un .... [11]. Mon frère passe beaucoup

de temps au .... [12]. Il adore .... [13].

Pour rentrer à la maison, mes copains .... [14]. Moi, je

rentre à pied parce que j'habite à côté de la place. Le weekend, j'aime .... [15]

et .... [16]. J'aime vivre en ville. Et toi? Qu'est-ce que tu aimes dans ta ville?

Mon vocabulaire personnel

>>> **Was gibt es in deiner Stadt, was sie so besonders macht? Welche Wörter brauchst du noch, um sie zu beschreiben? Suche sie in einem (Online-)Wörterbuch und schreibe diese hier auf.**

mein Dorf = mon village

der Bahnhof = la gare

der See = le lac

der Brunnen = la fontaine

.... = ...

.... = ...

.... = ...

.... = ...

.... = ...

.... = ...

>>> **Stelle nun deine Stadt vor. Schreibe den Text auf ein Blatt, das du dann abheften kannst.**

Ma ville

Vocabulaire thématique

Mon endroit préféré: la campagne, la mer ou la ville [Unité 1 und Unité 2]

»» **Schreibe die französischen Übersetzungen der Wörter und Sätze auf.**

1. das Land = ...
2. die Tiere = ...
3. reiten = ...
4. Mountainbike fahren = ...
5. der Berg / das Gebirge = ...
6. klettern = ...
7. die Höhlenforschung [Unité 7] = ...
8. das Kanu [Unité 7] = ...
9. das Meer = ...
10. die Küste = ...
11. der Strand = ...
12. surfen = ...
13. das Schiff = ...
14. die Welle = ...
15. auf die Felsen steigen = ...
16. die Möwe = ...
17. in der Stadt = ...
18. ins Kino gehen = ...
19. das Konzert = ...

Illustration: Cornelsen/Yayo Kawamura

>>> Laurine, Maxime und Claire erzählen, wo ihr Lieblingsort sich befindet, was sie dort unternehmen und warum sie diesen Ort so gerne mögen. Vervollständige den Text. Die Zahlen in Klammern geben dir Hinweise.

Laurine: Moi, j'habite à la .... [1]. J'adore la nature et les .... [2]. Nous avons un chat et un chien. J'aime .... [3] et .... [4]. Je peux aller loin. Le weekend, nous allons souvent à la .... [5] et nous .... [6]. Mon frère fait de la .... [7] et mes parents font du .... [8].

Maxime: Nous habitons près de la .... [9] sur la .... [10]. Je vais souvent à la .... [11]. Je peux .... [12] et faire du .... [13] quand il n'y a pas trop de .... [14]. Mes copains et moi, nous aimons être sur la plage, ... [15] et regarder les .... [16].

Claire: Mon endroit préféré, c'est la ville. .... [17], c'est intéressant. Il y a une librairie, une médiathèque. Je peux .... [18], au musée, à des .... [19] ou des festivals quand je veux. J'aime regarder un film ou un spectacle avec mes copains.

Mon vocabulaire personnel

>>> Erzähl nun dein letztes Wochenende, das du zum Beispiel auf dem Land oder in den Bergen, am Meer, in deiner Stadt oder zu Hause verbracht hast. Schreibe den Text auf ein Blatt, das du dann abheften kannst. Falls du neue Wörter brauchst, um deinen Lieblingsort zu beschreiben, suche sie in einem (Online-)Wörterbuch.

Vocabulaire thématique

Ma dernière aventure [Unité 2]

>>> Schreibe die französischen Übersetzungen der Wörter und Sätze auf.

1. gehen/fahren = ...

2. verlassen = ...

3. sich wie ein Idiot aufführen = ...

4. schieben = ...

5. Angst haben = ...

6. fallen = ...

7. ankommen = ...

8. kentern = ...

9. ins Wasser fallen = ...

10. die Rettungskräfte = ...

11. finden [Unité 3] = ...

12. zurückfahren = ...

13. um Hilfe rufen = ...

14. das Abenteuer = ...

15. gestern = ...

16. um 10 Uhr = ...

17. plötzlich = ...

18. also = ...

19. kurz danach = ...

20. dann [Unité 5] = ...

Illustration: Cornelsen/Yayo Kawamura

>>> Zoé erzählt ihr letztes Abenteuer, das sie mit ihren Freunden erlebt hat. Die Zahlen in Klammern geben dir Hinweise über ihre Geschichte. Vervollständige den Text. Pass auf! Die meisten Verben sind im *passé composé*.

.... [15], Laure, Malik et moi ont voulu .... [1] à la mer.

C'est loin! .... [16], nous avons .... [2] la ville.

.... [17], Malik a .... [3]. Il a voulu

.... [4] Laure. .... [18], Laure a .... [5],

mais elle n'est pas .... [6] de son vélo. .... [19] nous

sommes .... [7] à la plage. .... [17], un bateau a

.... [8] et un garçon est .... [9].

Nous n'avons pas vu de .... [10]. Laure a voulu téléphoner, mais elle

n'a pas .... [11] son portable. .... [20] nous sommes

.... [12] sur la route. Nous avons cherché le portable de Laure et nous avons

.... [13]. Quelle .... [14]!

Mon vocabulaire personnel

>>> Erzähle nun, was du in deinem letzten Abenteuer erlebt hast. Du kannst selbstverständlich auch eine Geschichte erfinden.

....

....

....

....

....

....

....

....

....

Foto: Shutterstock/Patryk Kosmider

Vocabulaire thématique

Mes stars préférées [Unité 3 und Unité 6]

››› **Schreibe die französischen Übersetzungen der Wörter und Sätze auf.**

1. Metall = ... 2. R & B = ... 3. Elektro = ...

Leo 4. (jemanden) cool finden = ...

5. Das ist genial! [Unité 6] = ...

6. Die Musik, das ist was zählt. [Unité 6] = ...

Marie 7. Es ist nicht (mein) Ding. = ...

8. Krach machen = ... 9. hässlich sein = ...

Luc 10. Es ist (mein) Lieblingsstar. [Unité 6] = ...

11. bewundern [Unité 6] = ... 12. Talent haben [Unité 6] = ...

13. die Band = ... 14. die Tätowierungen = ...

15. tanzen = ... 16. treffen [Unité 6] = ...

17. Fragen stellen [Unité 6] = ...

Illustration: Cornelsen/Yayo Kawamura

>>> **Léo gibt seine Meinung über seine Musikrichtung und seinen Modegeschmack. Die Zahlen in Klammern geben dir Hinweise. Vervollständige den Text.**

Le .... [13] ABCD .... [12]. Je les ai vus en concert et c'était super. Ils font de la bonne musique. Le rythme, ... [5] et la .... [6]. J'espère les .... [16] un jour et leur .... [17]. Je .... [4] avec leurs .... [14] et leur look. Je porte aussi des vêtements noirs comme eux.

Ma sœur aime plus le .... [2]. Le .... [1] ou l'.. [3], ... [7]. Elle déteste ces .... [13] de musique parce qu'ils .... [8]. Elle pense aussi qu'ils .... [9] et qu'ils n'ont pas de .... [12]. Ca m'est égal.

Zaz, ... [10]. C'est vrai qu'elle chante très bien, mais je ne l'.. [11] pas. Pour moi, on ne peut pas .... [15] sur de la pop ou du .... [2]. C'est mon avis!

Mon vocabulaire personnel

>>> **Welche Musikrichtungen magst du gerne? Und welche magst du nicht so gerne? Versuche zu argumentieren. Du kannst auch einen/eine Sänger/in deiner Wahl oder deine Lieblingsband vorstellen. Schreib auch etwas über den Look deines Stars.**

Je trouve .... parce que/qu'..

....

Ce n'est pas mon truc .... parce que/qu'..

....

Mon chanteur / Ma chanteuse / Mon groupe préféré ....

....

....

....

Vocabulaire thématique

Mon look, ma mode et mes couleurs préférées [Unité 3]

››› **Schreibe die französischen Übersetzungen der Wörter und Sätze auf.**

1. die hässlichen Klamotten = ...

2. die schwarze Hose = ...
3. das graue T-Shirt = ...

4. coole Kleidung tragen = ...

5. der rote Pulli = ...
6. die grüne Jacke = ...

7. die orange Kappe = ...
8. die roten Turnschuhe = ...

9. der rosa Schal = ...
10. der blaue Rock = ...

11. die Sonnenbrille = ...

12. die rosa Armbänder = ...
13. der braune Gürtel = ...

14. Farben mischen = ...

15. anprobieren = ...

Illustration: Cornelsen/Yayo Kawamura

›› **Selma erzählt über ihren Look und sagt, was sie gerne anzieht. Vervollständige den Text. Die Zahlen in Klammern geben dir Hinweise.**

Moi je n'aime pas faire les courses avec ma mère parce qu'elle aime les .... [1]. Elle porte souvent un .... [2] et un .... [3]. Ce n'est pas mon truc. Je veux être à la mode et .... [4]. Moi, j'aime mettre un .... [5], une .... [6] et une .... [7]. Mes .... [8], mon .... [9] et ma .... [10] vont très bien avec ça. J'adore aussi les accessoires comme les .... [11], les .... [12] et ma .... [13]. J'aime .... [14].

C'est top! Ma mère dit[1]: «Tu as l'air d'un perroquet[2]! Ça ne te va pas!»

Mes copines sont comme moi. On adore notre style. On aime faire du shopping ensemble.

On aime .... [16], mais on n'achète pas souvent. C'est trop cher!

1 dire: sagen; **2 un perroquet:** ein Papagei

Mon vocabulaire personnel

›› **Was trägst du gerne? Was ist dein Look? Stelle deinen Stil/Look vor. Falls du Wörter brauchst, um zu sagen, was du gerne oder nicht gerne anziehst, findest du eine Liste mit weiteren Begriffen über das Outfit in der ▶*Banque de mots* im Buch, S. 179. Du kannst auch in einem (Online-)Wörterbuch nachschauen.**

das schicke schwarze Kleid .... = la robe noire chic ....

.... = ...

.... = ...

.... = ...

.... = ...

.... = ...

›› **Stelle nun deinen Lieblingsstil anhand einer Collage vor. Präsentiere deine Collage auf einem Extrablatt und beschreibe jedes Kleidungsstück und dessen Farbe daneben.**

Foto: Shutterstock/vvoe

Vocabulaire thématique

Je décris une personne [Unité 4]

››› Schreibe die französischen Übersetzungen der Wörter und Sätze auf.

Marie

1. dreizehn = ... 2. klein = ...

3. schwarze Augen = ...

4. braune Haare = ... 11. schüchtern = ...

5. Volleyball spielen =
....

8. Gemüse =
....

6. Obst essen =
....

9. Fußball spielen =
....

7. Meerschweinchen *Grenadine* =
....

10. schlecht in Geschichte =
....

Paul

1. vierzehn = ... 2. groß = ...

3. blaue Augen = ...

4. blonde Haare = ... 11. nett = ...

5. Skateboard =
....

8. Käse essen =
....

6. Nachspeisen =
....

9. Hausaufgaben machen =
....

7. gut in Mathe =
....

10. klettern =
....

Illustrationen: Cornelsen/Yayo Kawamura

>>> **Paul und Marie stellen sich gegenseitig vor. Vervollständige den Text. Die Zahlen in Klammern geben dir Hinweise.**

Paul: Je vous présente ma copine. Son prénom est Marie. Elle a .... [1] ans. Elle est assez .... [2]. Elle a les .... [3] et les .... [4]. Elle aime .... [5], ... [6] et son .... [7]. Elle déteste les .... [8], ... [9] et elle est .... [10]. Elle est très .... [11].

Marie: Je vous présente mon copain. Il s'appelle Paul. Il a .... [1]. Il n'est pas très .... [2]. Il a les .... [3] et les .... [4]. Il aime le .... [5] et les .... [6]. Il n'a pas d'animaux à la maison, mais il voudrait avoir un chien. Il déteste .... [8], ... [9] et .... [10]. Il est .... [7]. Il est .... [11], mais il n'aime pas trop parler.

Mon vocabulaire personnel

>>> **Stelle dich nun selbst vor. Schreibe einen Steckbrief und erkläre, wo du wohnst, wie alt du bist, ob du Geschwister hast, wann dein Geburtstag ist. Sage etwas zu deinen Hobbys, was du magst / nicht magst.**

(Klebe hier ein Foto von dir ein.)

prénom/nom: .... / ....

mes yeux: .... mes cheveux: ....

mon anniversaire: .... j'habite: ....

mon école: ....

ma famille (mes frères et sœurs): ....

mes copains: ....

j'aime / je déteste: ....

....

Vocabulaire thématique

Mes activités sur Internet [Unité 4]

››› **Schreibe die französischen Übersetzungen der Wörter und Sätze auf.**

1. der Computer = ...
2. die Videospiele = ...
3. herunterladen = ...
4. im Internet surfen = ...
5. E-Mails schreiben = ...
6. chatten = ...
7. drucken = ...
8. die Sicherheit = ...
9. das Passwort = ...
10. hacken = ...
11. die Maus = ...
12. den Computer einschalten = ...
13. speichern = ...
14. Fotos ins Web stellen = ...

Illustration: Cornelsen/Yayo Kawamura

>>> Max erzählt, was er und seine Freunde gerne am Computer machen. Vervollständige den Text. Die Zahlen in Klammern geben dir Hinweise.

Max raconte: J'ai un .... [1] dans ma chambre. C'est super! J'adore jouer aux .... [2] et .... [3] de la musique. Il y a des règles, bien sûr. Je fais toujours mes devoirs d'abord. Mais après, je peux .... [12], puis je prends ma .... [11] et c'est parti! J'aime .... [4], contacter mes amis sur un réseau social et .... [5]. J'aime aussi .... [6] avec mes amis. Je n' .... [7] rien à la maison. C'est cher. La .... [8] est aussi importante. Je .... [13] mes documents et je ne donne jamais mon .... [9]. Et surtout, je ne .... pas .... [14]. J'ai un ami: on l'a .... [10]. C'est terrible!

>>> In diesem Buchstabengitter sind elf Wörter zum Thema Computer und Hacken versteckt. Finde sie und kreise sie ein.

B	N	H	A	R	Z	J	V	G	E	R	X	D	B	C	O
I	X	T	S	Y	V	E	F	F	A	C	E	R	O	L	D
A	W	R	Y	Q	B	U	W	G	H	R	N	M	P	I	C
R	E	S	E	A	U	M	S	O	C	I	A	L	C	Q	Z
V	B	W	N	L	K	G	F	D	X	M	W	T	U	U	P
H	U	L	N	F	D	R	B	N	P	I	R	A	T	E	R
S	I	T	E	M	L	U	T	W	D	N	S	P	X	R	O
K	W	M	M	A	N	I	P	U	L	E	R	E	P	V	I
O	Q	N	I	O	R	T	Z	U	W	L	A	R	Z	W	Z

Mon vocabulaire personnel

>>> Und du? Was machst du mit deinen Freunden im Internet? Falls du Wörter brauchst, um über das Internet zu sprechen, findest du eine Liste mit weiteren Begriffen in der ▶*Banque de mots* im Buch, S. 190. Du kannst auch in einem (Online-)Wörterbuch nachschauen. Schreibe sie hier auf.

Vocabulaire thématique

Présente une fête de l'année [Unité 5]

>>> Schreibe die französischen Übersetzungen der Wörter und Sätze auf.

1. die Feier = ...
2. das Geld = ...
3. die Einkaufsliste = ...
4. einladen = ...
5. die Getränke = ...
6. die Gerichte = ...
7. die (dreizehn) Nachspeisen = ...
8. der Kuchen = ...
9. singen = ...
10. tanzen = ...
11. essen = ...
12. die Chips = ...
13. Weihnachten = ...
14. die Geschenke = ...
15. Klavier spielen [Unité 6] = ...

Illustration: Cornelsen/Yayo Kawamura

›››**Marie stellt ihr Lieblingstraditionsfest vor: Weihnachten. Vervollständige den Text. Die Zahlen in Klammern geben dir Hinweise.**

Organiser une .... [1], oui, mais il faut avoir de la place et de l'.. [2] et c'est beaucoup de travail! Il faut faire une .... [3], aller au supermarché, ... [4] la famille ou les amis. Après, il faut préparer les .... [5], les .... [6] traditionnels, les .... [7] ou faire un .... [8] peut-être?

Moi, ma fête préférée, c'est .... [13]: le 25 décembre, il y a des .... [14] sous le sapin et toute ma famille est là. On .... [9] des chansons de Noël, on .... [15] et on .... [10] même. Avec mes cousins, on .... [11] et on rit beaucoup. Bien sûr, il ne faut pas manger trop de .... [12] au début, parce qu'après, on n'a plus faim pour .... [7]. C'est si beau .... [13]!

Mon vocabulaire personnel

›››**Erzähle nun, welche Feier für dich wichtig ist und warum. Falls du Wörter brauchst, um über Feste zu sprechen, findest du eine Liste mit weiteren Begriffen in der ▶*Banque de mots* im Buch, S. 193. Du kannst auch in einem (Online-)Wörterbuch nachschauen. Schreibe sie hier auf.**

....

....

....

....

›››**Beschreibe nun, wie du deinen Geburtstag feierst.**

....

....

....

Vocabulaire thématique

Présente une recette préférée et fais la cuisine [Unité 5]

››› Schreibe die französischen Übersetzungen der Wörter und Sätze auf.

1. das Rezept = ...

2. der Joghurt = ...

3. drei Eier = ...

4. das Öl = ...

5. der Zucker = ...

6. das Mehl = ...

7. das Backpulver = ...

8. der Vanillezucker = ...

9. mischen = ...

10. etw. hinzufügen = ...

11. Zitronenschale schneiden = ...

12. der Teig = ...

13. warm = ...

14. Puderzucker auf den Kuchen streuen = ...

15. die Spezialität = ...

16. Es ist einfach! [Unité 7] = ...

17. kleben = ...

18. die Butter = ...

Illustrationen: Cornelsen/Yayo Kawamura

>>> **Julie erzählt, welches Rezept sie am liebsten zubereitet, welche Zutaten sie dafür braucht und in welcher Reihenfolge sie es macht. Vervollständige den Text. Die Zahlen in Klammern geben dir Hinweise.**

Le gâteau au yaourt est ma .... [1] préférée. C'est ma .... [15], mais aussi un gâteau que tout le monde peut faire! Il faut un .... [2] nature, ... [3], un demi-pot d'............................ [4], deux pots de .... [5], trois pots de .... [6], un paquet de .... [7], un sachet de .... [8]. Comment est-ce qu'il faut faire? .... ! [16] .... [9] d'abord le yaourt avec les œufs, ... [10] le sucre, le sucre vanillé, la farine et la levure. Mélange bien! Rajoute maintenant l'huile. Tu peux aussi .... [11] et l'ajouter. Mets du .... [18] dans le moule[1] pour que[2] la .... [12] ne .... [17] pas. Après 30 minutes à 180 degrés[3], le gâteau est prêt! Tu peux le manger .... [13], mais moi, je l'aime froid. Tu peut aussi .... [14]. Mes amis adorent!

1 un moule: eine Kuchenform; **2 pour que:** damit; **3 à 180 degrés:** bei 180 Grad

Mon vocabulaire personnel

>>> **Diese Wörter kennst du schon: Löse das Kreuzworträtsel. Die Buchstaben in den gelben Kästchen ergeben das Lösungswort.**

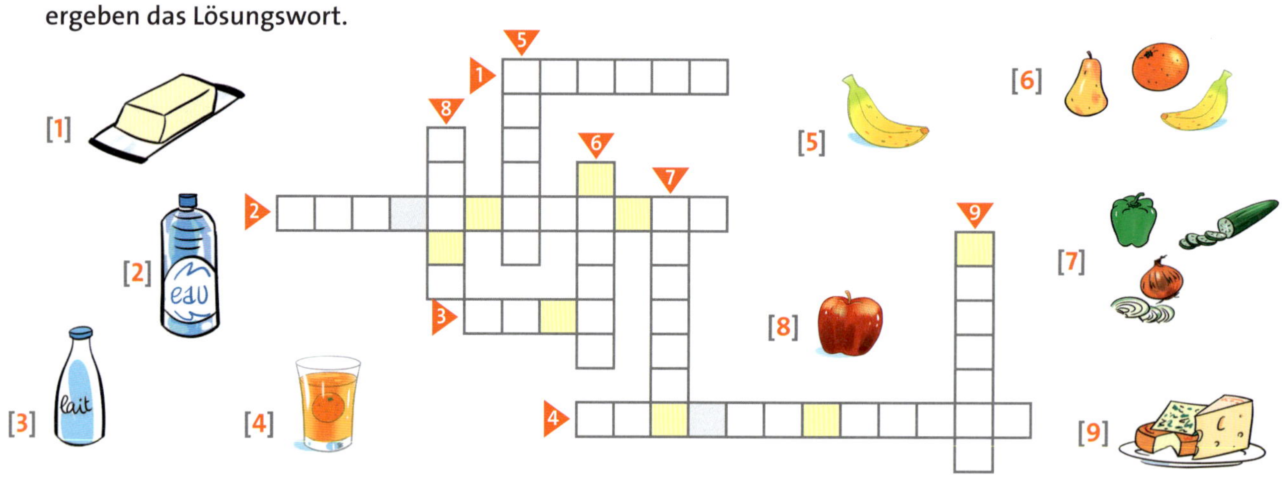

Lösungswort: Il/Elle a f___ ___ ___ ___ et ___ ___ ___ ___.

>>> **Nun beschreibe dein Lieblingsrezept auf einem Extra-Blatt. Versuche es schmackhaft darzustellen. Falls du Wörter brauchst, findest du eine Liste mit weiteren Begriffen in der ▶*Banque de mots* im Buch, S. 207.**

Illustrationen: Cornelsen/Laurent Lalo

Vocabulaire thématique

Mon emploi du temps [Unité 6]

12

	LUNDI	MARDI 3	MERCREDI	JEUDI	VENDREDI	SAMEDI
8 h	français	maths		français	sport	
9 h	musique	maths		arts plastiques	sport	
10 h 15	éducation civique	CDI	6 	éducation civique	allemand	9 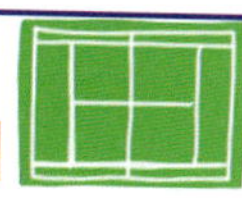
11 h 15 7	sport	français	8 	sport		
12 h 15	cantine	cantine		cantine	cantine	
14 h	français	histoire-géo		histoire-géo		
15 h	technologie	allemand	14 			
16 h	sciences de la vie et de la terre	maths	11 	éducation civique	sciences de la vie et de la terre	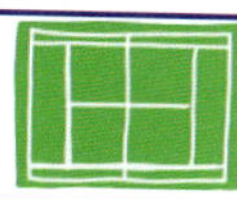
17 h 4	2 	5 	10 			
18 h	1 		13 			
19 h						

››› Schreibe die französischen Übersetzungen der Wörter und Sätze auf.

1. lernen = ...

2. Gitarre spielen = ...

3. dienstags = ...

4. von 17 bis 18 Uhr = ...

5. Klavier spielen = ...

6. das Tennistraining = ...

7. von 11:15 bis 12:15 Uhr = ...

8. der Handball = ...

9. das Match, das Spiel = ...

10. Videospiele spielen = ...

11. Musik anhören = ...

12. der Stundenplan = ...

13. mit jdm telefonieren = ...

14. Freunde einladen = ...

››› Théo spricht über seinen Stundenplan und seine Hobbys. Vervollständige den Text. Die Zahlen in Klammern geben dir Hinweise.

Mon .... [12] est assez lourd. J'ai cours le matin et l'après-midi et tous les soirs, je dois faire des devoirs et .... [1]. Mais le sport et la musique sont aussi importants pour moi. Je .... [2] une fois par semaine et .... [3] et le jeudi, de .... [4], j'apprends à .... [5]. Le mercredi, je n'ai pas cours, alors je fais beaucoup de sport: j'ai .... [6] de 10:15 à 11:15 heures et .... [7], j'ai entraînement de .... [8]. Tous mes meilleurs amis sont dans l'équipe. C'est génial! Le samedi, on a souvent des .... [9]. Le mercredi après-midi, j' .... [14]. J'ai le temps. Alors, on .... [10] sur l'ordinateur, on .... [11], on fait des projets. Le soir, je .... [13] ma copine. Elle est à l'internat.

Mon vocabulaire personnel

››› Nun beschreibe auch deine Hobbys/Vorlieben. Was machst du in deiner Freizeit? Welche Leidenschaften hast du? Falls du Wörter brauchst, findest du eine Liste mit weiteren Begriffen über Musikinstrumente und Spiele in der ▶*Banque de mots* im Buch, S. 200. Du kannst auch in einem (Online-)Wörterbuch nachschauen.

....

....

....

....

....

....

....

....

Je cherche mon chemin [Unité 7]

>>> **Schreibe die französischen Übersetzungen der Wörter und Sätze auf.**

1. der Plan = ...
2. der Campingplatz = ...
3. die Landstraße = ...
4. die Kreuzung = ...
5. nach rechts abbiegen = ...
6. der Kilometer = ...
7. die Ampel = ...
8. geradeaus = ...
9. die erste Straße = ...
10. links = ...
11. gegenüber von = ...
12. das Navigationsgerät = ...
13. fragen = ...
14. die Dame = ...
15. die Brücke = ...
16. das Kanu = ...
17. überqueren = ...
18. praktisch = ...

Illustration: Cornelsen/Yayo Kawamura

>>> **Léonie und ihre Eltern verbringen ihren Urlaub in Frankreich in der Nähe von Montpellier und suchen gerade den Campingplatz. Auf dem Weg fragt Léonie eine Frau nach dem Weg. Vervollständige den Dialog. Die Zahlen in Klammern geben dir Hinweise.**

Léonie est en vacances avec ses parents. Ils cherchent le camping:

Léonie (aux parents): Je vais demander si[1] quelqu'un connaît[2] le chemin pour aller au camping.

Léonie: Pardon, Madame, je peux vous .... [13] quelque chose?

La .... **[14]:** Oui, bien sûr!

Léonie: Notre .... [12] est cassé et notre .... [1] est nulle.

Mes parents et moi ne trouvons pas la .... [3] pour aller au

.... [2].

La dame: C'est facile! Vous .... [17] le .... [4]. Là, vous

.... [5].

Léonie: C'est loin?

La dame: Non, pas en voiture. Alors, au bout de deux .... [6], vous arrivez à

un .... [7], vous continuez .... [8] jusqu'au

.... [15]. Vous prenez la .... [9] .... [10].

Et voilà, le camping est là, ... [11] un grand supermarché. C'est

.... [18] le camping, il y a aussi un club de .... [16].

Léonie: Merci, Madame.

1 si: ob; **2 connaître:** kennen

Mon vocabulaire personnel

>>> **Nun beschreibe den Weg vom Bahnhof zur Schule und von der Schule nach Hause. Suche zuerst nach Vokabular. Du kannst gerne deine Wegbeschreibung mit einer Skizze ergänzen und sie dazu abheften.**

....

....

....

....

Les mots pour le dire

Auf den folgenden Seiten kannst du die wichtigsten Redemittel der einzelnen Unités deines Lehrbuches wiederholen und sammeln. Fülle die Leerzeilen aus und überprüfe deine Lösungen mithilfe der Sätze in deinem Buch ab Seite 232.

Sich vorstellen

Über sich sprechen

>>> Hier sollst du sagen, wie du aussiehst, welche Vorlieben du hast, usw.

[Unité 3]

J'adore mettre (des vêtements noirs). = Ich ziehe sehr gern (schwarze Kleidung) an.

J'adore mélanger (les couleurs). = ...

...... = Ich trage sehr gern (coole Klamotten).

Ça, c'est mon look. = ...

...... = Ich trage gern modische Kleidung.

...... = Ich mag Metal, weil (es Krach macht).

......

Ma musique, c'est (l'électro). = ...

[Unité 4]

...... = Ich habe (grüne) Augen.

J'ai les cheveux (noirs). = ...

Je suis (un peu timide). = ...

______ = ______

______ = ______

Illustration: Cornelsen/Yayo Kawamura

Über seinen Schulalltag sprechen

[Module 3]

Enfin, c'est la recré!	=
Je vais (dans la cour / au CDI / aux toilettes).	=
	= Ich treffe meine Freunde (auf dem Gang).
Les surveillants surveillent (la recré / la cantine / la salle de permanence).	=
	= Die Bibliothekarin arbeitet in der Schulbibliothek.
	= Die Krankenpflegerin hilft den Schülern.
Avec le CPE, je peux parler de mes problèmes au collège.	=
Avec la médiatrice, je peux parler de mes problèmes avec (mes parents / mes amis).	=

[Unité 4]

	= Mein Lieblingsfach ist (Sport).
	= Ich bin gut in (Französisch).
Je suis nul/nulle en (maths).	=
Je déteste (la cantine).	=
	= Ich mag (Kunst) lieber.

Illustration: Cornelsen/Yayo Kawamura

Les mots pour le dire

Über Hobbys und Vorlieben sprechen

[Unité 1]

Je fais (du volley). = ...

... = Ich (schwimme).

(Le jeudi), je fais (de l'escalade). = ...

J'aime (retrouver mes copains). = ...

[Unité 4]

J'aime (le foot). = ...

... = Ich mag (tanzen) lieber.

... = Ich mag (amerikanische Serien).

Je déteste (les devoirs / frimer). = ...

... = Mein Lieblingsfach ist (Sport).

... = Ich bin gut in (Französisch).

Je suis nul/nulle en (maths). = ...

Je n'en veux pas. = ...

... = Das gefällt mir!

[Unité 6]

Moi, je joue (de la guitare). = ...

... = Wir machen zusammen Musik.

... = Meine Leidenschaft ist (der Stierkampf).

Depuis ce jour, je veux être (toréro). = ...

Illustrationen: Cornelsen/Yayo Kawamura

Je lis toutes les histoires (de toréros).	=	
	=	(Rugby) ist ein toller Mannschaftssport.
	=	Ich habe mit (sechs) Jahren angefangen.
Je prends des cours (de tennis).	=	
On a entraînement (le lundi et le jeudi).	=	
	=	Ich habe (jeden Abend) (zwei) Stunden Training.
J'ai (deux) heures d'entraînement (par semaine).	=	
	=	Ich habe einen (ziemlich vollen) Stundenplan.

Über seinen Lieblingsort sprechen

[Unité 1]

Ton endroit préféré, c'est où?	=	
	=	Mein Lieblingsort (in der Stadt) ist (die *place de la Comédie*).
J'aime bien (le Polygone).	=	
(Montpellier), c'est sympa parce qu'il y a (la mer).	=	
	=	Ich mag die Stadt und (ihre Cafés).
	=	Ich fahre sehr gern (aufs Land).
Notre (région) est intéressante et jolie.	=	

Illustrationen: Cornelsen/Yayo Kawamura

Les mots pour le dire

Seinen Star vorstellen

[Unité 6]

....	=	Mein Lieblingsstar ist (Marie Dal Zotto).
Je suis fan de (Titeuf).	=	....
Mon héros, c'est (David Guetta).	=	....
....	=	Meine Heldin ist (Louane).
....	=	Ich bewundere (Kylian Mbappé).
C'est (un footballeur). / C'est (une footballeuse).	=	....
(Kylian Mbappé) est (un super footballeur).	=	....
Il est le meilleur (joueur de football du monde).	=	....
....	=	Sie ist die beste (Fußballspielerin der Welt).
Il/Elle est champion/championne (d'Europe).	=	....
Il/Elle a gagné (toutes les coupes).	=	....
....	=	Er ist (Schauspieler). / Sie ist (Schauspielerin).
Il/Elle a beaucoup de (talent).	=	....
....	=	Er/Sie ist sehr (lustig).
Il/Elle joue dans (ma série préférée).	=	....
J'aimerais être comme (lui/elle).		....

Illustration: Cornelsen/Yayo Kawamura

Ein Erlebnis besprechen

Mit anderen sprechen

[Unité 2]

....	=	Was hast du (gestern) gemacht?
....	=	Mir ist (ein Wahnsinnsding) passiert!
Je ne suis pas allé/e (à la plage) à cause du (drapeau rouge).	=	....
....	=	Ich bin (Fahrrad gefahren).
Tout à coup, je suis tombé/e.	=	....
....	=	Dann bin ich wieder ins Boot eingestiegen.
(Ton père) est au courant?		....

[Unité 4]

....	=	Was ist passiert?
Quelqu'un a piraté (mon profil).	=	....
....	=	Jemand hat (mein Foto) verändert.
....	=	Wann hat man (dein Profil gehackt)?
Est-ce que tu as (des ennemis)?	=	....
....	=	Wer hat das gemacht?
Qui a pu faire ça?	=	....
....	=	Warum hat er/sie das gemacht?
Qu'est-ce qu'on peut faire?	=	....
....	=	Wir müssen etwas tun.
Il faut (effacer ces commentaires).	=	....
....	=	Wir informieren (den Schulleiter).

Les mots pour le dire

Sich freuen, ärgern oder wundern

[Unité 2]

	=	Wahnsinn!
Trop cool!	=	
	=	(Sie waren) super!
C'est trop fort, (ton histoire)!	=	
	=	Was für ein Idiot!
(Matéo) a fait l'idiot.	=	
	=	Das ist immer so mit (ihm).
Arrête!	=	
	=	Angeber!/Angeberin!

[Unité 4]

C'est horrible!	=	
	=	Das ist doof!

[Unité 6]

C'est génial!	=	

[Unité 7]

	=	Das kann doch nicht wahr sein!
Non, mais je rêve!	=	
	=	Das ist furchtbar!
Ce n'est pas possible!	=	

Illustrationen: Cornelsen/Yayo Kawamura

In einem Gespräch reagieren

[Unité 3]

…………………………	=	Das ist (hübsch/sexy/hässlich).
C'est top pour (danser).	=	…………………………
…………………………	=	(Diese Turnschuhe) sind total cool!
…………………………	=	(Dieser Pulli) ist hübsch.
Ce n'est pas mon truc.	=	…………………………
…………………………	=	Deine Eltern haben Angst.

[Unité 4]

C'est horrible!	=	…………………………
…………………………	=	Das ist doof!

[Unité 6]

C'est génial!	=	…………………………
C'est important.	=	…………………………
…………………………	=	Man braucht Talent.
…………………………	=	Das ist es, was zählt.
C'est dur, mais c'est comme ça.	=	…………………………
…………………………	=	Das ist mir egal.
Ça dépend.		…………………………

Illustration: Cornelsen/Yayo Kawamura

Einfache Ratschläge geben

[Unité 3]

Il ne faut pas (baisser les bras).	=	
	=	Man muss (Argumente finden).
Tu pourrais (regarder sur Internet).	=	
	=	Hast du mit (einem Spezialisten / einer Spezialistin) gesprochen?
Pourquoi est-ce que tu (ne mets pas un tatouage temporaire)?	=	
	=	Viel Glück!

[Unité 4]

Ne donne jamais ton mot de passe.	=	
	=	Lade niemanden zu dir ein.
N'écris rien sur toi.	=	
	=	Hacke nicht jemandes Profil.
	=	
	=	
	=	

Illustration: Cornelsen/Yayo Kawamura

Nachfragen

[Unité 3]

……………………………… = Ich verstehe nicht.

[Unité 7]

……………………………… = Wie bitte?

Je n'ai pas compris. = ………………………………

……………………………… = Können Sie das bitte noch einmal wiederholen?

………………………………

Über Feste sprechen

Feste

[Unité 5]

Quelle fête est-ce que tu préfères? = ………………………………

……………………………… = Mein Lieblingsfest ist (Weihnachten).

J'adore / J'aime beaucoup (la fête des voisins). = ………………………………

………………………………

J'adore fêter (mon anniversaire). = ………………………………

……………………………… = Es ist mein Lieblingsfest, weil (sich die Familie trifft).

……………………………… = Welche Lieder singt ihr / singen Sie?

Quels plats est-ce que vous préparez? = ………………………………

……………………………… = Wir kochen (unsere traditionellen Gerichte).

Les mots pour le dire

On apporte (des boissons). = ……………

…………… = Wir essen bis (Mitternacht).

Il y a (les treize desserts). = ……………

…………… = Wir stellen Tische und Stühle (auf die Straße).

……………

Nous faisons (des salades). = ……………

Vous fêtez avec qui? = ……………

…………… = Wir fahren / Ich fahre immer zu (meinem Großvater).

……………

Cette année, je sors (avec mes copains). = ……………

…………… = Gibt es Geschenke?

Nous trouvons nos cadeaux (sous le sapin). = ……………

…………… = Was wirst du anziehen?

Illustrationen: Cornelsen/Yayo Kawamura

Über Essen und Trinken sprechen

[Unité 5]

	=	Man braucht (Mehl, Zucker und Eier).
Je mélange (la farine, le sucre et les œufs).	=	
	=	Ich gebe (den Rest) dazu.
Nous devons rajouter (de la farine).	=	
	=	Der Teig muss sehr dünn sein.
Je découpe (la pâte) en carrés.	=	
	=	Ich lege (die Oreillettes) in (das heiße Öl).
On attend cinq minutes.	=	
	=	Mit ein bisschen (Puderzucker) schmeckt es /
		schmecken sie sehr lecker.
C'est (très) bon!	=	
	=	
	=	
	=	
	=	

Illustration: Cornelsen/Yayo Kawamura

Les mots pour le dire

Einkaufen

Einkaufen

[Unité 3]

....	=	Schau dir mal diese Turnschuhe an!
(Ces baskets) sont trop cool!	=	....
C'est (joli/sexy/moche).	=	....
....	=	Das ist nicht mein Ding.
Excusez-moi, est-ce que vous avez (cette veste) en S?	=	....
Je voudrais essayer (ce pull).	=	....
....	=	Wollen Sie ihn/sie/es anprobieren?
....	=	(Er/Sie/Das) steht dir gut.
(Il/Elle) te plaît?	=	....
....	=	Wie viel kostet (er/sie/es)?
....	=	Das ist (zu) teuer.
J'en prends (deux).	=	....
________________	=	________________
________________	=	________________
________________	=	________________

Illustration: Cornelsen/Yayo Kawamura

Über das Internet sprechen

Internet

[Unité 4]

Qu'est-ce que tu fais sur Internet? = ……………………

…………………… = Ich nutze das Internet (sehr wenig).

Sur (mon blog), je montre (des photos). = ……………………

……………………

…………………… = Ich lade (meine Lieblingsmusik) herunter.

……………………

…………………… = Ich gebe niemals mein Passwort weiter.

……………………

…………………… = Es gibt Sicherheitsregeln.

=

=

=

=

=

=

=

=

Illustration: Cornelsen/Yayo Kawamura

Les mots pour le dire

Zusammen spielen

Spielen

[Unité 5]

.... = Würfle noch einmal. / Du bist noch einmal dran.

Va à la case (trois). = ...

.... = Gehe auf Feld (drei) zurück.

.... = Bravo!

Nach dem Weg fragen

Wegbeschreibung

[Unité 7]

.... = Entschuldigen Sie, wir suchen den Weg nach

.... (Ganges).

Pardon, monsieur/madame, pour aller à = ...

(l'hôtel) ...? ....

.... = Wo ist (der Supermarkt) / (die Mediathek)?

....

Illustrationen: Cornelsen/Yayo Kawamura

Den Weg beschreiben

[**Unité 7**]

Vous prenez (la première rue) (à gauche).	=	
Après (500 mètres), tu tournes (à droite).	=	
	=	An der (zweiten) Kreuzung biegst du (links) ab.
	=	Bei der Ampel biegen Sie (rechts) ab.
Au bout de la rue, tu tournes (à gauche).	=	
	=	Du überquerst (zwei Straßen).
	=	Du gehst/fährst immer geradeaus weiter.
Il y a (un feu rouge) (en face de l'église).	=	
	=	Da ist es.
Et voilà (l'hôtel).	=	
	=	Das ist einfach.

Illustration: Cornelsen/Yayo Kawamura

Bienvenue à Montpellier [Unité 1 Texte]

Unité 1

>>> **Formuliere die französischen Sätze und schreibe sie auf. Die Lösungen findest du in der rechten Spalte der ▶*Liste de mots* im Buch ab S. 171.**

▶S. 171–173

1. Du sagst, dass ihr eure Freunde vor dem Kino trefft.

Nous retrouvons nos copains devant ....

le cinéma. ....

2. Du sagst, dass Tante Lucie deine Lieblingstante ist.

....

....

3. Du sagst, dass ihr am Wochenende zusammen Volleyball spielt.

....

....

4. Du fragst deinen Freund / deine Freundin, ob er/sie Berge gerne mag.

....

....

5. Du sagst, dass ihr im August oft ins Schwimmbad geht.

....

....

6. Du sagst, dass ihr im Juli auf ein Festival geht.

....

....

7. Du fragst deinen Freund / deine Freundin, ob sein/ihr Fahrrad neu ist.

....

....

Illustrationen: oben: Cornelsen/Laurent Lalo; unten: Cornelsen/Yayo Kawamura

Trois jeunes en difficulté [Unité 2 Approches]

▶S. 173–174

1. Du sagst, dass hier viele Jugendliche surfen.

2. Du sagst, dass sich auf dem Strand viele Möwen aufhalten.

3. Du sagst, dass Tomaten rot sind.

4. Du sagst, dass der Rettungsschwimmer in der Nähe der Boje ist.

5. Du sagst, dass Montpellier eine Stadt in Frankreich ist.

6. Du sagst zu deinem Freund, dass er deine Probleme oft nicht beachtet.

7. Du sagst, dass die Lehrerin das Klassenzimmer verlassen hat.

8. Auf die Frage eines Touristen / einer Touristin, wie weit es zum Strand ist, sagst du ihm/ihr, dass er/sie 100 Meter laufen (muss) und (dann) am Strand ist.

9. Du sagst, dass das Haus deiner Großeltern 100 Meter vom Strand entfernt ist.

10. Du sagst, dass er gekentert ist.

Illustration: Cornelsen/Yayo Kawamura

Mots en contexte

Matéo super-héros! [Unité 2 Texte A]

▶S. 174–176

1. Du möchtest von Matéo wissen, wer sein Superheld ist.

2. Du forderst einen Freund / eine Freundin auf zuzuhören und sagst, dass dir etwas Verrücktes passiert ist.

3. Du sagst, dass Maxime nach euch angekommen ist.

4. Du sagst, dass du nachts oft Angst hast.

5. Du willst wissen, ob dein Freund / deine Freundin in den Bus einsteigt.

6. Du sagst, dass deine Tante bis Freitag bleibt.

7. Du erwähnst, dass im November die Blätter fallen.

8. Du erzählst, dass es der Rettungsschwimmer nicht mit der Angst bekommt.

9. Du forderst Felix auf, wieder in das Boot einzusteigen.

10. Du sagst, dass Lea ihrem Bruder hilft.

11. Du fragst, ob alle da sind.

Illustration: Cornelsen/Yayo Kawamura

12. Lôc fordert Matéo auf aufzuhören und fügt hinzu, dass er nicht kentern will.

13. Du möchtest wissen, was los ist, und fragst deinen Freund / deine Freundin, ob er/sie auf dem Laufenden ist.

Matéo, quel idiot! [Unité 2 Texte B]

▶S. 176–177

1. Ihr sprecht über einen Mitschüler und sagt: „Was für ein Idiot! Er hat seine Hausaufgaben nicht gemacht."

2. Du sagst, dass sie die Fahne gehisst haben.

3. Du sagst, dass sich dein Cousin wie ein Idiot aufgeführt hat.

4. Du sagst, dass sie mit ihrem Surfbrett angegeben hat.

5. Du sagst, dass Matis dein Cousin ist, und fügst hinzu, dass ihr oft bei ihm fernseht.

6. Du sagst, dass sie es wegen der Wellen mit der Angst bekommt.

7. Du stellst deine Freundinnen vor und sagst, dass du mit ihnen nach Hause gehst.

8. Du sagst zu einem Mitschüler / einer Mitschülerin, dass er/sie zu Fuß nicht weit kommt.

9. Du sagst, dass sie ins Wasser gefallen sind, und forderst Claire auf, um Hilfe zu rufen.

10. Du sagst, dass bei euch deine Mutter die Chefin ist.

Mots en contexte

C'est mon style! [Unité 3 Approches]

Unité 3

▶S. 177–179

1. Du sagst, dass Nadja eine Brille trägt.

2. Du sagst, dass sie einen schwarzen Kaffee möchte.

3. Du sagst, dass du morgen Kleidung kaufen wirst.

4. Du sagst, dass du nicht zufrieden bist, und fügst hinzu, dass du oft trübsinnige Gedanken hast.

5. Du fragst nach, ob es um „Eyeless“ geht, und fügst hinzu, dass sie Krach machen (laut sind).

6. Du sagst, dass deine Katze schwarz und weiß ist.

7. Du fragst einen Freund / eine Freundin, ob das seine/ihre Jacke ist.

8. Du sagst, dass du oft die Kleider deiner Schwester trägst.

9. Du sagst einem Freund / einer Freundin, dass du seinen/ihren grünen Schal toll findest.

10. Du sagst, dass deine Tante graue Strähnen hat.

11. Deine Mutter fordert dich auf, deine Pullis in den Schrank zu räumen.

12. Du sagst, dass deine Freundin immer modische Kleidung trägt.

13. Du fragst deinen Freund / deine Freundin, ob er/sie einen grünen oder einen roten Apfel mag.

14. Du sagst, dass Audrey rosa Kleidung mag.

Ils adorent faire du shopping [Unité 3 Texte A]

▶S. 179–181

1. Beim Einkaufen deutest du auf Armbänder und sagst, dass diese hübsch sind.

2. Du sagst, dass Sport nicht dein Ding ist.

3. Du deutest auf einen Gürtel und fragst deinen Freund / deine Freundin, ob er ihm/ihr gefällt.

4. Du sagst, dass dieses Buch teuer ist, und fügst hinzu, dass es 33 Euro kostet.

5. Du sagst zu deiner Mutter: „Schau mal. Die Äpfel sind hier teuer!“

6. Du entschuldigst dich bei deinem Lehrer, weil du zu spät bist.

7. Du sagst, dass du deine Tasche vergessen hast.

8. Du fragst deinen Freund / deine Freundin, was er/sie zu seinem/ihrem Geburtstag anziehen wird.

Mots en contexte

Je voudrais un tatouage [Unité 3 Texte B]

▶S. 181–183

1. Du sagst, dass dir deine Eltern oft Ratschläge geben.

2. Du sagst, dass ihr einen Test habt, und fügst hinzu, dass man sich nicht verspäten darf.

3. Du sagst, dass die Rettungsschwimmer die rote Fahne heruntergelassen haben.

4. Du forderst deinen Freund / deine Freundin auf, nicht aufzugeben.

5. Du sagst, dass er seine Schlüssel unter dem Bett gefunden hat.

6. Du sagst, dass du keine Argumente findest.

7. Dein Vater sagt zu dir, dass du deiner Schwester helfen könntest.

8. Du wünschst deinem Bruder viel Glück für die Klassenarbeit.

9. Du möchtest wissen, ob dein Mitschüler / deine Mitschülerin mit der Lehrerin gesprochen hat.

10. Du sagst, dass du in deiner Klasse der Spezialist / die Spezialistin für Mangas bist.

11. Du sagst, dass ihr ein Fernsehstudio besuchen werdet.

12. Du fragst, ob dir ein Klassenkamerad / eine Klassenkameradin sein/ihr Handy zeigt.

13. Du sagst, dass man in einem Tätowierstudio Instrumente verwendet.

14. Du sagst, dass sich Patrick in seiner Hose nicht wohl fühlt.

15. Du sagst, dass dir deine Eltern keine Tätowierung auf dem Arm erlauben.

16. Du erzählst, dass du vom Skateboard herunter gefallen bist und dass es wehgetan hat.

Illustration: Cornelsen/Yayo Kawamura

Mots en contexte

À la gare + À l'auberge de jeunesse [Module 2]

Modules

▶S. 183–184

1. Du sagst, dass du am Bahnhof bist.

2. Du und dein Freund / deine Freundin sagt, dass ihr eine Fahrkarte für eine einfache Fahrt kauft.

3. Der Bahnangestellte fragt, ob ihr eine Hin- und Rückfahrkarte wollt.

4. Am Bahnhof wird angesagt, dass der Zug auf Gleis 15 einfährt.

5. Ein Passant / Eine Passantin fragt dich, auf welchem Gleis der Zug nach Lyon abfährt.

6. Du und ein Freund / eine Freundin erzählt, dass ihr das Wochenende in der Jugendherberge von Nizza verbringen werdet.

7. Du sprichst mit deinen Eltern über zwei Mitschüler. Deine Eltern fragen, ob sie nicht zu deiner Party kommen.

Dans la cour de récré [Module 3]

▶S. 184–185

1. Du sagst, dass du in der Pause immer ein Butterbrot isst.

2. Du schreibst deinen Eltern, dass ihr endlich bei euren Austauschpartnern angekommen seid.

3. Mathilde erzählt, dass sie Fan von Zaz ist.

4. Du sagst, dass der Lehrer die Klasse während des Tests beaufsichtigt.

Illustration: Cornelsen/Yayo Kawamura

5. Der Krankenpfleger / Die Krankenpflegerin fragt dich, was du hast und ob es dir nicht gut geht.

....

....

6. Du erzählst, dass Sébastien Krankenpfleger ist.

....

7. Du findest, dass der Bibliothekar im CDI sehr sympathisch ist.

....

8. Ein Schüler / Eine Schülerin sagt dem Lehrer, dass es auf dem Schulhof eine Prügelei gibt.

....

....

9. Deine Lehrerin fragt dich, ob du ein Problem hast, und fügt hinzu, dass die Mediatorin helfen kann.

....

....

10. Du sagst, dass du die Konflikte zu Hause hasst.

....

....

Ça ne va pas? [Module 4] facultatif

▶S. 185–186

1. Dein Vater fragt dich, was du hast. Du antwortest, dass du Bauchschmerzen hast.

....

....

2. Du bestellst beim Kellner ein Glas Wasser.

....

....

3. Deine Mutter fragt dich, ob du einen Kräutertee möchtest.

....

....

4. Du sagst, dass du Kopfschmerzen hast. Der Krankenpfleger / Die Krankenpflegerin fragt, ob du dich ein bisschen hinlegen möchtest.

....

....

5. Der Lehrer / Die Lehrerin bittet dich, das Fenster zu öffnen.

....

....

6. Du sagst, dass du deine Großeltern anrufst.

....

7. Die Sprechstundenhilfe sagt dir, dass der Arzt mittwochs nicht arbeitet.

....

Mots en contexte

Mes copains du web [Unité 4 Approches]

Unité 4

▶S. 186–187

1. Du fragst deinen Freund, ob er ein Profil im Internet hat.

2. Du erzählst, dass sie dir in die Augen geschaut hat.

3. Du sagst, dass Strähnen im Haar modisch sind.

4. Du fragst deine Freundin, ob ihr Bruder schüchtern ist.

5. Du sagst, dass du Französisch und Englisch lernst.

6. Du fragst, wer der Held dieser Serie ist.

7. Du sagst, dass du Englisch sprichst, und fügst hinzu, dass du amerikanischen R & B magst.

8. Du erwähnst, dass du blonde Haare wie deine Mutter hast.

9. Du fragst deinen Cousin, ob er ein Lieblingsfach hat.

10. Du sagst, dass ihr im Sport gerade schwimmt.

11. Du sagst, dass dieser Kuchen gut ist.

12. Du sagst, dass Reiten dir gefällt.

Illustration: Cornelsen/Yayo Kawamura

13. Du sagst, dass du es cool findest, dass morgen Ferien sind.

14. Du sagst: „Nein, danke, das will ich nicht."

15. Du erwähnst, dass ihr in deiner Familie braunhaarig seid.

16. Du fragst deine Freunde, ob ihr fernsehen wollt. Sie antworten: „Nein, jetzt nicht."

17. Du erzählst, dass ihr in Kunst Mangas zeichnet.

18. Du fragst deine Freundin, ob sie die blaue Jeans oder die schwarze Jeans bevorzugt.

19. Du sagst, dass ihr Monstergeschichten mögt.

20. Du sagst, dass man keine Angst haben muss, dass dieser Hund nett ist.

21. Du sagst, dass ihr morgen keinen Sport habt und dass du das doof findest.

Illustrationen: Cornelsen/Yayo Kawamura

Mots en contexte

C'est criminel! [Unité 4 Texte A]

▶S. 188

1. Du fragst einen Mitschüler, ob man sein Profil benutzt hat, und fügst hinzu, dass das kriminell ist.

2. Du sagst, dass du ein Supergeschenk für deinen Freund gefunden hast.

3. Du sagst, dass der Lehrer immer Kommentare macht.

4. Du sagst, dass du deine Schwester angerufen hast und dass du sie im Park triffst.

5. Du sagst, dass dein Passwort der Name deines Hundes ist.

6. Du fragst deinen Freund / deine Freundin, ob er/sie irgendetwas verstanden hat.

7. Du begrüßt Enzo und fragst, ob man ihn wegen Lucs Party informiert hat.

Illustration: Cornelsen/Yayo Kawamura

Internet et toi [Unité 4 Texte B]

▶S. 188–190

1. Du fragst deinen Freund / deine Freundin, wo er/sie diese Information gefunden hat.

2. Du sagst, dass du gern in Kontakt mit deinen Freunden in Frankreich bist.

3. Du forderst Sarah auf, auf die Wellen aufzupassen.

4. Du sagst, dass es im Sport Regeln gibt.

5. Dein Lehrer sagt dir, dass du deinen Vornamen auf das Blatt schreiben sollst.

6. Du sagst, dass du am Sonntag nichts machst.

7. Dein Freund fragt dich, ob du dieses Blatt für alle ausdrucken kannst.

8. Du sagst, dass man im Geschichte-Erdkunde-Unterricht mitschreiben muss.

9. Deine Freundin sagt dir, dass Azélie ihr Zimmer mit ihrem Bruder teilt.

10. Du sagst, dass man hier klicken muss.

Mots en contexte

C'est bientôt ta fête [Unité 5 Approches]

Unité 5

▶S. 190–191

1. Du sagst, dass bald dein Geburtstag ist.

2. Du freust dich, dass dein Geburtstag in zwei Wochen ist.

3. Dein Lehrer fragt dich, ob du nach Hause gehst oder ob du noch auf deinen Freund wartest.

4. Du fragst, wer Chips zum Fest mitbringt.

5. Du sagst, dass ihr eine Einkaufsliste macht.

6. Deine Mutter kommt nach Hause und äußert sich erfreut darüber, dass du eingekauft hast.

7. Du fragst jemanden, ob er/sie etwas hört.

8. Du erzählst, dass deine Eltern die Nachbarn eingeladen haben.

9. Du freust dich, weil die Polizei dein Fahrrad gefunden hat.

10. Deine Lehrerin lobt dich, weil du 17 von 20 Punkten hast.

Illustrationen: Cornelsen/Yayo Kawamura

Ma fête préférée, c'est ... [Unité 5 Texte A]

▶S. 191–193

1. Du sagst, dass du heute Nachmittag mit deinen Freunden ausgehst.

2. Du sagst, dass Spaghetti dein Lieblingsessen sind.

3. Du fragst deinen Austauschpartner / deine Austauschpartnerin, ob es in seiner/ihrer Gegend ein traditionelles Gericht gibt.

4. Du fragst deinen Freund / deine Freundin, ob sie Weihnachten bei seinen/ihren Großeltern verbringen werden.

5. Deine Schwester sagt, dass sie dieses Wochenende bei ihrer Freundin schlafen wird.

6. Deine Austauschpartner / Deine Austauschpartnerin fragt dich, was du während der Ferien machen wirst.

7. Du erzählst, dass deine Tante für euch ein chinesisches Gericht vorbereitet.

8. Du fragst deinen Freund / deine Freundin, welche Farbe er/sie bevorzugt.

Illustrationen: Cornelsen/Yayo Kawamura

Mots en contexte

La recette des oreillettes [Unité 5 Texte B]

▶S. 194–195

1. Du sagst deiner Oma, dass das lecker ist, und fragst sie, ob sie dir das Rezept gibt.

2. Du fragst deine Freunde, ob sie Pläne für die Ferien haben.

3. Dein Freund / Deine Freundin fragt dich, ob du diesen Film mit ihm/ihr anschauen willst.

4. Du sagst, dass man für ein Fest Musik braucht.

5. Du sagst, dass man die Fotos an die Wand klebt.

6. Du sagst, dass ihr vor 22 Uhr nach Hause kommen müsst.

7. Du fragst, ob man Butter oder Öl hinzufügen soll.

8. Du warnst deine Freunde und sagst ihnen, dass die „Öhrchen" heiß sind.

9. Du fragst, wie viel Zucker man zugeben muss.

10. Du forderst deinen Freund / deine Freundin auf, 100 Gramm Zucker hinzuzugeben.

11. Du sagst, dass man 50 Milliliter Milch braucht.

Les héros des ados [Unité 6 Approches]

Unité 6

▶ S. 196–197

1. Du sagst zu deinem Bruder, dass du ihn im ganzen Haus gesucht hast.

2. Du erzählst, dass dein Großvater sein ganzes Leben in diesem Haus gewohnt hat.

3. Du sagst bewundernd über deine Großeltern, dass sie auf drei Kontinente gefahren sind.

4. Du fragst, wer diese Etappe gewonnen hat.

5. Du fragst deinen Austauschpartner / deine Austauschpartnerin, wer dieses Jahr den Pokal gewonnen hat.

6. Du erzählst deinen Freunden, dass das deine erste Medaille ist.

7. Ein Freund teilt dir mit, dass heute Abend die Fußballmeisterschaft im Fernsehen zu sehen ist.

8. Dein Austauschpartner / Deine Austauschpartnerin spricht über die französische Fußballmannschaft und sagt, dass sie die Weltmeisterschaft gewonnen haben.

9. Lôc sagt, dass Selma Marie Dal Zotto bewundert.

10. Du sagst, dass Schwimmen dein Hobby ist und dass du Talent hast.

11. Du erzählst einem Freund / einer Freundin, dass du gerne den Film „Mention particulière“ sehen würdest.

Mots en contexte

Un podcast sur Kylian Mbappé [Unité 6 Texte A]

▶S. 197–198

1. Du erzählst, dass du dir oft Podcasts anhörst.

2. Du sagst, dass du gestern deine Nachbarin in der Stadt getroffen hast.

3. Du sagst deinem Freund / deiner Freundin, dass du seine/ihre Idee Manu (ihm) erklären wirst.

4. Du stellst einen Mitschüler vor und sagst, dass er der beste Schüler der Schule ist und dass er viel arbeitet.

5. Du sprichst über einen Freund und sagst, dass ihr zusammen in der Fußballmannschaft spielt.

6. Deine Großeltern sagen dir, dass du noch jung bist.

7. Du sagst, dass sie für die Klassenarbeit motiviert ist.

8. Du sagst deinen Eltern, dass Anna und Max um Mitternacht ankommen, und fragst, ob sie damit einverstanden sind, dass du ihnen die Schlüssel gibst.

9. Jemand erzählt dir, dass Djénaé vor allem gern ans Meer fährt.

10. Du sagst, dass dieser Handballspieler super ist.

Illustrationen: Cornelsen/Yayo Kawamura

La passion, c'est ça qui compte! [Unité 6 Texte B]

▶S. 198–200

1. Deine Mutter erzählt, dass sie ihre Freundin seit vielen Jahren kennt.

....

....

2. Du sagst, dass du Comics liest.

....

....

3. Du sprichst über deinen neuen Stundenplan und sagst, dass ihr immer zwei Stunden Mathe habt.

....

....

4. Du erzählst, dass ihr jeden Abend ferngesehen habt.

....

....

5. Du fragst deinen Freund / deine Freundin, ob er/sie sich das Fußballspiel mit dir ansieht.

....

....

6. Der Trainer erklärt, dass das Training 15 Euro pro Woche kostet.

....

....

7. Dein Austauschpartner / Deine Austauschpartnerin berichtet, dass er/sie im Internat Freunde gefunden hat.

....

....

8. Der Schulleiter stellt fest, dass die Lehrerin den Schülern den Stundenplan gegeben hat.

....

....

9. Du stellst fest, dass deine Tasche zu schwer ist.

....

....

10. Du erzählst deinen Austauschpartner / deiner Austauschpartnerin, dass du von 8 Uhr bis 13 Uhr Unterricht hast.

....

....

Mots en contexte

Découvrez la région de Montpellier! [Unité 7 Approches]

Unité 7

▶S. 200–202

1. Du wünschst jemandem „Schöne Ferien“.

2. Du erklärst deinem Freund / deiner Freundin, dass das Festival vom 3. bis zum 5. Juli stattfindet.

3. Dein Austauschpartner / Deine Austauschpartnerin erzählt, dass man in der Camargue Kanu fahren kann.

4. Du erzählst deinem Freund, dass ihr dieses Jahr die Ferien auf einem Zeltplatz verbringen werdet.

5. Du sagst zu deinem kleinen Bruder, dass ihr jetzt die Straße überquert.

6. Du sagst zu deinen Eltern, dass du in den Schluchten Angst hattest.

7. Deine Freunde sagen, dass sie in ein Ferienlager am Meer fahren.

8. Du sagst, dass ihr nur noch die Brücke überqueren müsst und dann schon da seid.

9. Du fragst deinen Freund / deine Freundin, ob er/sie denn nicht seine/ihre Geschenke öffnet.

Illustrationen: Cornelsen/Yayo Kawamura

Sur la route de Ganges [Unité 7 Texte]

▶S. 202–203

1. Du sagst, dass ihr nie ohne GPS losfahrt.

2. Du forderst jemanden auf jetzt abzubiegen.

3. Du sagst, dass du viel gegessen hast, und fügst hinzu, dass du keinen Hunger mehr hast.

4. Du fragst, wie man zum Eiffelturm kommt.

5. Du erzählst, dass die Dame euch die Regeln erklärt hat.

6. Du sagst, dass diese Hausaufgaben sehr leicht sind.

7. Ein Passant erklärt euch, dass ihr an der Kreuzung rechts abbiegen müsst.

8. Du sagst, dass das Café gegenüber vom Supermarkt ist.

9. Du erzählst deinem Austauschpartner / deiner Austauschpartnerin, dass du fünf Kilometer von der Schule entfernt wohnst.

10. Die Lehrerin schlägt der Klasse vor, das Lied noch einmal zu singen.

Illustrationen: Cornelsen/Yayo Kawamura